Artistes I numéro 44

ANTOINE WATTEAU
ET LE STYLE ROCOCO

— De la commedia dell'arte
à la fête galante

par Eliane Reynold de Seresin

50MINUTES

Avec la collaboration d'Elisabeth Bruyns

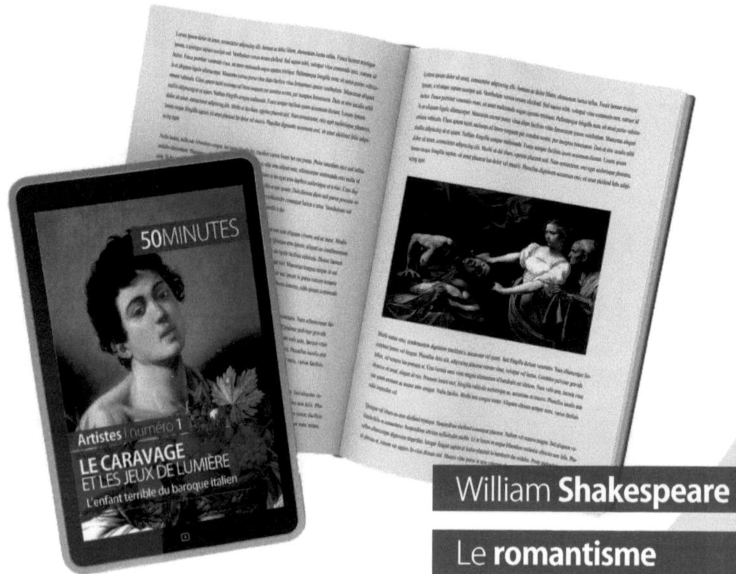

ANTOINE WATTEAU

- **Nom ?** Jean-Antoine Watteau, plus souvent appelé Antoine Watteau.
- **Naissance ?** Né le 10 octobre 1684 à Valenciennes.
- **Mort ?** Décédé le 18 juillet 1721 à Nogent-sur-Marne.
- **Contexte ?** Le mouvement rococo français.
- **Œuvres majeures ?**
  - *La Partie carrée* (vers 1713-1714)
  - *La Proposition embarrassante* (1715-1716)
  - *L'Indifférent* (1717)
  - *Pèlerinage à l'île de Cythère* (1717)
  - *Pierrot* (dit autrefois *Gilles*) (1718-1719)
  - *L'Enseigne de Gersaint* (1720)

Né au siècle du Roi-Soleil, Antoine Watteau, héritier de Rubens (1577-1640) autant que des peintres vénitiens, a su anticiper dans son art ce qu'allait devenir son époque. Frivolité, légèreté, évanescence… la Régence (1715-1723) a un parfum de liberté retrouvée, et Watteau, mieux que quiconque, a été capable de déceler cette nouvelle ambiance et de la traduire en touches délicates et vibrantes sur ses toiles. Précurseur et initiateur du rococo, l'artiste est si atypique que l'Académie n'a d'autre choix que de créer un genre spécialement pour lui : il sera le prince des « fêtes galantes ».

Mais la valse des plaisirs ne l'intéresse pas autant que l'impression laissée par toutes ces joies éphémères, lorsque la fête peu à peu tire sa révérence. Ambivalence et mélancolie sont les maîtres-mots des œuvres de ce saltimbanque qui marche sans cesse sur le fil des émotions. Peintre mystérieux, qui ne signait et ne datait pratiquement jamais ses toiles – comme pour ne rien graver dans le marbre –, Watteau porte en lui cette complexité qui est la marque des grands artistes.

L'ÉCLAT DE L'ABSOLUTISME

En 1659, le traité des Pyrénées et le mariage de Louis XIV (1638-1715) avec l'infante Marie-Thérèse (1638-1683) mettent un terme à une guerre de longue haleine entre la France et l'Espagne, et inaugurent l'hégémonie française en Europe. Aussi, dès la mort du cardinal Mazarin (1602-1661) en 1661, Louis XIV, âgé de 23 ans, décide-t-il de prendre seul les rênes du royaume – sa mère, Anne d'Autriche (1601-1666), assurait la régence depuis 1643, aidée de Mazarin. Afin d'asseoir son autorité, il entreprend de grandes réformes administratives et, marqué par la Fronde (1648-1653) durant son enfance, restreint le rôle de la noblesse. Le roi s'attribue alors les pleins pouvoirs, limitant également les prérogatives du Parlement et ne gardant que trois ministres d'État. Secondé par l'un d'eux, Jean-Baptiste Colbert (1619-1683), qui s'occupe des finances, Louis XIV cherche par ailleurs à étendre son empire.

Quant au commerce intérieur et extérieur, il n'est pas négligé : l'État devient le mécène de certaines entreprises, comme la manufacture des Gobelins, veillant ainsi à la qualité de l'artisanat français. Il développe également le réseau de communication afin de faciliter l'échange commercial et s'investit particulièrement dans la culture de céréales. Dès lors, l'influence de la France s'étend jusqu'en Amérique, où la Louisiane est nommée en l'honneur de Louis XIV. C'est aussi à cette époque que les Grandes Compagnies occidentale et orientale des Indes sont créées. De manière générale, la France acquiert un immense prestige et rayonne sur l'Europe entière.

L'EMPRISE DU CLASSICISME

Louis XIV, en accordant à la noblesse le privilège d'assister à son lever, à son coucher et surtout à son souper, la rend non seulement dépendante de sa propre personne, mais s'assure également d'être envié par les plus grands d'Europe. L'instauration du grand couvert et la réglementation des arts de la table et du service gastronomique, en particulier, suscitent l'admiration et l'imitation de toutes les cours européennes qui s'arrachent les chefs français. Toutes les têtes couronnées ont ainsi les yeux tournés vers la France, qui devient la référence artistique dans tous les domaines, de l'art de la bouche à l'art pictural, en passant par la sculpture ou encore l'architecture. Le « goût à la française » règne sur tout le continent.

Reflet de l'autorité absolue du roi, les arts français de l'époque ambitionnent la perfection et, pour l'atteindre, se tournent vers l'Antiquité et les idéaux d'ordre, de rigueur et de clarté. Sous l'influence du rationalisme de René Descartes (1596-1650), la raison est placée sur un piédestal, au détriment des sentiments. Il s'agit du mouvement classique, qui se développe au milieu du XVIIᵉ siècle pour connaître son apogée sous le règne de Louis XIV. Particulièrement florissant dans la littérature et le théâtre, avec des auteurs tels que Pierre Corneille (1606-1684), Molière (1622-1673) ou Jean Racine (1639-1699), le classicisme s'immisce dans tous les arts. En peinture, il se traduit par un grand intérêt pour le trait, qui prend le pas sur la couleur, et est incarné par Charles Le Brun (1619-1690), qui devient premier peintre du roi. Sous la régence d'Anne d'Autriche, celui-ci obtient de Mazarin la création de l'Académie royale de peinture et de sculpture, qui voit le jour en 1648 et qu'il dirige à partir de 1663. Formé par Simon Vouet (1590-1649), puis par Nicolas Poussin (1594-1665), il pose les bases de l'académisme, qui régira les beaux-arts jusqu'au XIXᵉ siècle, et devient la référence artistique de son temps.

LE SOLEIL AU CRÉPUSCULE

Mais si Louis XIV accroît toujours plus son pouvoir en même temps qu'il agrandit son territoire, il ruine le Trésor. Le train de vie fastueux mené au château de Versailles, sans compter les travaux prodigieux pour le réhabiliter, est un véritable gouffre financier. Malgré cela, le roi s'aveugle et continue à guerroyer sans voir combien son peuple est exsangue. En outre, en 1685, il révoque l'édit de Nantes – instauré en 1598 pour assurer la liberté de culte en France –, provoquant une grande fracture sociale, l'exil de 200 000 protestants et la colère des autres cours européennes, notamment des pays protestants.

Bien que Louis XIV ait fait de Versailles un lieu plaisant, la fin de son règne est teintée d'austérité sous l'influence de Madame de Maintenon (1635-1719), que le roi a épousée en secret après la mort de la reine Marie-Thérèse. Les acteurs italiens de la *commedia dell'arte*, qui connaissent un succès grandissant, sont chassés en 1697 sur ordre de « Madame » en raison de propos déplacés à son égard. Aussi un vent de légèreté souffle-t-il en 1715 lors de la régence de Louis-Philippe d'Orléans (1674-1723), en attendant que l'arrière-petit-fils de Louis XIV, Louis XV (1710-1774), âgé de seulement cinq ans, monte sur le trône. Le régent tente de redresser un pays affamé, endetté et las de la guerre. Il sait mieux que quiconque combien la France aspire à la paix, à la légèreté et aux plaisirs, et accueille la *commedia dell'arte* à l'hôtel de Bourgogne dès 1716. C'est également à cette époque que l'on voit éclore les premiers cafés, comme celui de la place du Palais-Royal, qui deviendra plus tard le café de la Régence, où se répand l'esprit des Lumières. Enfin, le régent redonne un rôle politique à la noblesse, ramène la cour de Versailles à Paris et assouplit l'étiquette – les dîners d'alcôve et les petits soupers libertins, lors desquels on place les tables dans les chambres, remplacent souvent le grand souper et le protocole officiel.

Dans le domaine des arts, le culte de la perfection et de la raison s'incline peu à peu face à l'éloge de la nature et l'expression des sentiments. On voit alors éclore la querelle des Anciens et des Modernes qui oppose, en peinture, les poussinistes (en référence à Nicolas Poussin), c'est-à-dire les adeptes du dessin, contre les rubénistes (en référence à Rubens), qui privilégient la couleur. C'est à cette époque charnière, qui tourne le dos à l'absolutisme et à la rigueur de l'étiquette, préférant à la soif de grandeur et de prestige un monde fait de plaisir, de légèreté et d'insouciance, que Watteau construit sa carrière.

BIOGRAPHIE

LEVER DE RIDEAU

Cadet d'une famille de quatre fils, Antoine Watteau voit le jour le 10 octobre 1684 à Valenciennes. Très tôt, son talent artistique est encouragé par ses parents, et le jeune homme serait entré en apprentissage chez Jacques-Albert Guérin (vers 1640-1702) qui fait, à cette époque, figure d'autorité artistique dans la ville. À la mort de celui-ci, en 1702, Watteau monte à Paris et élit domicile à Saint-Germain-des-Prés, bien décidé à vivre de son art. Arpentant les rues de la capitale muni de ses carnets, l'artiste croque tout ce qu'il voit. Se côtoient sur ses feuilles griffonnées des scènes anodines, des spectacles de rues, des paysages, des silhouettes ou parfois même de simples drapés. Afin de subvenir à ses besoins, il réalise, pour un commerçant installé sur le pont de Notre-Dame, des copies et des toiles religieuses.

À la même époque, il se lie d'amitié avec les peintres Nicolas Vleughels (1668-1737) et Jean-Jacques Spoëde (vers 1680-1757). En outre, il complète sa formation en fréquentant différents marchands, notamment Pierre II Mariette (1634-1716), chez qui il aurait fait la connaissance de Claude Gillot (1673-1722). Peintre et dessinateur accompli, ce dernier est touché par le talent de Watteau et lui propose de lui dispenser son enseignement. C'est probablement lui qui éveille chez le jeune artiste le goût du théâtre, qui deviendra l'une de ses caractéristiques majeures, comme en témoignent ses nombreuses œuvres sur le sujet : *Les Acteurs de la Comédie française* (vers 1710-1712), *La Partie carrée* (vers 1713-1714), *L'Amour au théâtre italien* (vers 1717) ou encore l'emblématique *Pierrot* (1718-1719). Auprès de Gillot, sillonnant les foires et visitant les théâtres, le peintre s'initie également aux arabesques, aux scènes burlesques et autres œuvres satiriques.

WATTEAU À L'ACADÉMIE

Vers 1707, en raison d'une incompatibilité d'humeur avec son maître, Watteau quitte l'atelier de Gillot, entraînant avec lui son condisciple Nicolas Lancret (vers 1690-1743). Ils rejoignent tous deux Claude III Audran (1658-1734), un graveur de renom que le peintre aurait vraisemblablement croisé chez Gillot. C'est grâce à cet artiste que Watteau découvre la galerie de Marie de Médicis (1573-1642) et tombe en admiration devant les toiles de Rubens, qu'il copie inlassablement, tout comme celles des peintres vénitiens, par exemple Titien (vers 1488-1576) ou Véronèse (1528-1588). Il assiste également le graveur dans différentes commandes officielles : Audran lui confie notamment une partie de la décoration du château de la Muette. C'est sans doute à cette époque que naît le goût de Watteau pour les décors muraux.

En 1709, il n'obtient que la seconde place au prix de Rome et se voit donc fermer les portes de l'Académie de France à Rome. Il participe alors auprès d'Audran à la décoration du château de Meudon pour le futur Louis XV, notamment aux *Douze Mois grotesques*, une tenture à fils d'argent. Fragile et instable, Watteau aime changer de domicile. Aussi, cette même année, retourne-t-il un temps à Valenciennes où il s'attache une clientèle férue de ses œuvres militaires (*Le Départ des troupes*). Bien qu'Audran tente de le dissuader de poursuivre dans cette voie, ce succès permet à l'artiste de s'installer à son compte, en particulier depuis qu'il s'est attaché le mécénat de deux collectionneurs de renom : Jean de Jullienne (1686-1766) et le comte de Caylus (1692-1765).

En 1712, l'artiste devient membre de l'Académie grâce à son tableau *Les Jaloux*, aujourd'hui disparu, et au soutien appuyé du peintre Charles de La Fosse (1636-1716). Son morceau de réception – nom donné au tableau qui suit l'adoubement d'un artiste agréé par l'Académie –, *Pèlerinage à l'île de Cythère* (1717), qu'il ne délivre que cinq ans plus tard, après de nombreuses tergiversations, connaît un vif succès, au point que Watteau en réalise une copie presque immédiatement après. Pourtant, cette toile ne rentre dans aucune catégorie prédéfinie par l'Académie qui, enthousiaste, crée un tout nouveau genre spécialement pour Watteau : la fête galante. Celui-ci deviendra sa spécialité (*La Surprise*, vers 1718 ou *Les Fêtes vénitiennes*, vers 1718-1719).

FOUDROYÉ EN PLEINE GLOIRE

Son destin croise également celui de Pierre Crozat (1661-1740), un banquier aisé qui lui ouvre les portes de sa maison et de sa collection de peintures. Watteau peut ainsi à loisir s'inspirer des grands maîtres en réalisant de nombreuses copies. Il décore aussi, vers 1717-1718, la salle à manger de l'hôtel particulier du collection-neur, situé rue Richelieu à Paris, sur le thème des quatre saisons. Au même moment, la Régence entonne à nouveau la valse des plaisirs : les salons de Crozat ne désemplissent pas, des spectacles sont donnés à tous les coins de rue... Watteau a tout ce qu'il faut sous les yeux. C'est à cette époque qu'il peint *La Finette* (vers 1717) et *L'Indifférent* (1717).

Souffrant de tuberculose depuis son enfance, l'artiste s'installe à Londres de 1719 à 1720, auprès du réputé docteur Richard Mead (1673-1754). Dans la capitale anglaise, il rencontre de nombreux peintres français qui le copient à son tour. Il peint entre autres pour le docteur *Les Comédiens italiens* (1719-1720). Mais Watteau revient en France toujours aussi fragile et passe les derniers mois de sa vie en compagnie de son ami l'abbé Haranger (mort en 1735), dans une propriété à Nogent-sur-Marne prêtée par Philippe Lefebvre, intendant des « Menus Plaisirs du roi » (service responsable des cérémonies, des fêtes et des spectacles de la cour). Peu de temps après avoir brûlé les nus qui étaient encore en sa possession, il expire en 1721 dans les bras du marchand d'art Edme-François Gersaint (1694-1750), à qui il dédie *L'Enseigne* (1720). Celui qui recueillit son dernier souffle aimait à raconter que Watteau, ne pouvant plus parler, sombrant dans la demi-conscience, feignait de peindre des arabesques et autres figurines dans les airs, élevant ainsi au paroxysme la légèreté de son art. Gersaint, chargé par le peintre de vendre ses dernières toiles, obtint la coquette somme de 3 000 livres : c'est dire le succès que Watteau connut de son vivant. Jean de Jullienne, en homme averti et prudent, regroupa quant à lui environ 450 dessins qu'il fit graver, notamment par l'artiste François Boucher (1703-1770). Décédé à l'âge de 37 ans, Antoine Watteau entre alors au panthéon des artistes intouchables, foudroyés en pleine gloire, tels que Raphaël (1483-1520) ou le Caravage (1571-1610).

LE SAVIEZ-VOUS ?

En 2009, un plafond décoré a été redécouvert par hasard dans un immeuble situé dans le quartier de Saint-Germain-des-Prés, au 26 rue de Condé. Il s'agirait d'une commande d'un riche mécène, Joseph Legendre d'Arményn, le beau-père du frère de Pierre Crozat, à Claude III Audran. À cette époque, Audran était assisté de Watteau et Lancret. Le plafond, décoré de singeries, aurait été peint juste avant la Régence et présente certaines caractéristiques propres à Watteau, comme le costume des singes, qui appartient au registre de la *commedia dell'arte*.

CARACTÉRISTIQUES

LE ROUGE, LE NOIR... ET LE BLANC

Si l'artiste est connu pour ses teintes pastel tout en légèreté et en poésie, il est également passé à la postérité pour ses dessins, bien que ces derniers ne lui aient servi que d'esquisses préparatoires et qu'il ne les a probablement jamais considérés comme des œuvres d'art en soi. Le nombre significatif d'esquisses que le peintre a laissé derrière lui souligne sa facilité déconcertante à saisir sur le vif une expression ou une attitude et montrent son intérêt pour la fugacité de l'instant. Ainsi, son talent de dessinateur est incontestable et ce n'est pas un hasard si ses œuvres ont été gravées par la suite, preuve s'il en est de la précision du trait qui sous-tend sa peinture.

Bien qu'il ne soit pas précisément l'initiateur de la technique dite « des trois crayons », Rubens l'ayant précédé, l'artiste élève cependant cette technique, qui semble avoir été inventée pour lui, à son plus haut niveau. Au départ, Watteau est plutôt un adepte de la sanguine, qu'il mêle régulièrement à une pierre noire grasse, comme on peut le remarquer dans *La Savoyarde* (vers 1715). Ce n'est qu'au début du XVIIIe siècle, probablement dans les années 1710-1715, que l'on trouve dans ses œuvres une rehausse à la craie blanche qui donne à ses feuilles « aux trois crayons », réalisées sur un papier dans les tons beiges, un rythme bien particulier. De nombreuses esquisses, telles que *Trois Études d'une dame au chapeau* (vers 1715) ou *Deux Études d'un joueur de musette* (vers 1716), par exemple, en témoignent. Les peintres François Boucher et Jean-Honoré Fragonard (1732-1806) utilisèrent également cette technique, ainsi que de nombreux artistes à sa suite, mais ils n'égalèrent que rarement son talent.

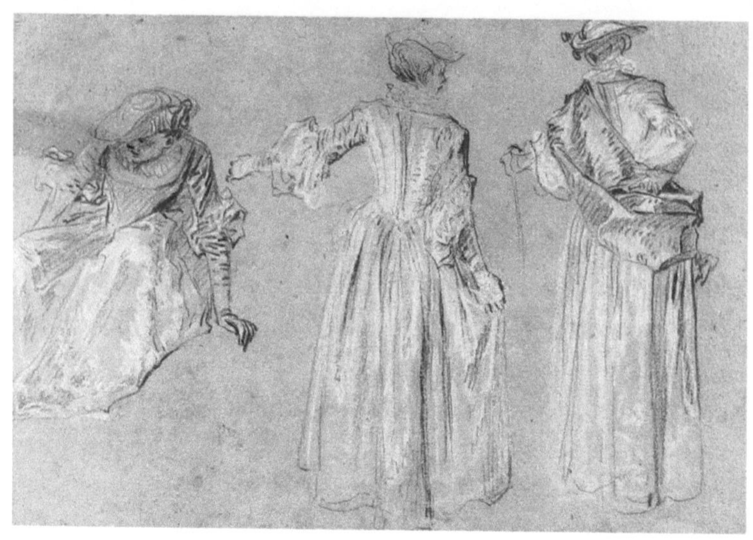

Trois Études d'une dame au chapeau, vers 1715, sanguine et craie blanche sur papier, 21 x 31,3 cm, Bruxelles, musées royaux des Beaux-Arts.

LA TECHNIQUE DES TROIS CRAYONS

Cette technique consiste à exécuter un dessin à l'aide de trois minerais : la pierre noire, la sanguine et la craie blanche. Avec la pierre noire, l'artiste trace les contours principaux, les tons froids, ainsi que les ombres ; avec la sanguine, il apporte la couleur et les tons chauds ; enfin, il donne du relief et de l'éclairage à son œuvre grâce aux rehauts exécutés à l'aide de la craie blanche. Très prisée à la Renaissance, cette technique est reprise par Rubens, puis magnifiée par Watteau.

UN PEINTRE ROCOCO

Repéré pour son coup de crayon, Watteau va cependant à l'encontre de l'art officiel et du classicisme finissant. En effet, avec lui, la couleur, auparavant niée au profit du dessin et de la géométrie, prend une nouvelle importance. De plus, l'artiste privilégie les teintes pastel et les lignes courbes et sinueuses, produisant un art synonyme de douceur et de légèreté, en accord avec l'atmosphère insouciante de la Régence.

Ses œuvres se caractérisent également par des formes plus complexes et une ornementation foisonnante parsemée de volutes qui évoquent les coquillages et la nature. Omniprésente, cette dernière apparaît comme libérée et luxuriante, presque envahissante. On est très loin du jardin à la française cher au Roi-Soleil. Chez Watteau, la nature sous-tend la libération des sentiments et des plaisirs, bien que ses scènes restent sages. Ce dernier devient ainsi le précurseur du mouvement rococo qui sera ensuite illustré par Boucher et Fragonard.

Ses thématiques de prédilection sont les joies enfantines, l'amour, la fantaisie ou encore l'oisiveté. Le peintre se fait fort de représenter une société de plaisirs et de superficialité qui donne toute son importance à l'apparat et, pour ce faire, détaille extrêmement ses costumes – en témoignent les magnifiques robes de taffetas de soie des dames. Mais par-delà ces aspects insouciants, tout est affaire de sentiments. La présence fréquente de la musique et des musiciens souligne d'ailleurs la danse des émotions qui se joue. Aussi les thématiques abordées par Watteau nécessitent-elles de la finesse : ses peintures révèlent tout avec ambivalence et délicatesse. Même les couleurs, vibrantes, renvoient aux palpitations du cœur.

LE ROCOCO

Le rococo, terme issu de la contraction du mot portugais *barrocco* (« baroque ») et du français *rocaille*, est un courant artistique qui s'impose au cours du XVIIIᵉ siècle tant en peinture et en architecture que dans les arts décoratifs. Inspiré par la nature, ce mouvement se caractérise par la courbe, préférée à la ligne droite, la sinuosité du dessin et l'ornementation à foison. Les couleurs sont particulièrement mises à l'honneur, ainsi que les sentiments, qui prennent le pas sur la raison. Ainsi, le style rococo s'oppose radicalement au classicisme.

DE LA *COMMEDIA DELL'ARTE*
À LA FÊTE GALANTE

Auprès de Gillot, Watteau découvre le monde du théâtre et ne le quittera plus jamais. Les costumes, les décors, les attitudes, le jeu, les regards... Tout dans cet art trouve un écho dans le sien. Les comédiens italiens, bannis sous le règne de Louis XIV, font sous la Régence un retour éclatant et ne cesseront dès lors de fasciner Watteau. Sa célèbre toile baptisée *Pierrot* (1718-1719) constitue le point d'orgue de son admiration pour la *commedia dell'arte*.

Les comédiens, avec leurs costumes soyeux aux étoffes luxueuses, se mêlent parfois à cette haute société peinte par Watteau et qui se glisse des chuchoteries et autres confidences poudrées à l'oreille. Dans quelques toiles, d'ailleurs, les deux mondes se rencontrent, comme c'est le cas dans *La Partie carrée* (vers 1713-1714), *L'Amour au théâtre italien* (vers 1717) ou *La Récréation galante* (1717-1718). Peut-être parce que la cour est elle-même une pièce de théâtre et qu'il faut se méfier des apparences ? En tout cas, dans les œuvres de Watteau, les masques ne tombent jamais vraiment. Les protagonistes féminins, notamment, ne se dévoilent pas tout à fait, et c'est leur nuque, vue de dos, que l'on aperçoit le plus souvent... comme pour inviter le spectateur à leur suite. En cela, elles incarnent à merveille l'esprit de la Régence.

Inspiré de la pastorale flamande chère à Rubens, Watteau place le plus souvent les comédiens et les gentilshommes dans un cadre champêtre, au cœur d'une nature désorganisée. Reprenant ses droits, celle-ci semble être aussi importante que les figures représentées qui, parfois, ne sont que des silhouettes. Certains paysages sont réels, d'autres plus exotiques, mais tous dégagent une impression d'intemporalité et sont une invitation à la rêverie. Il s'agit là des ingrédients-clés du nouveau genre créé spécialement pour Watteau : la fête galante, qui mêle habilement mythologie, réalité et idéalisation. En outre, les fêtes galantes de l'artiste se démarquent également des autres peintures rococo par la nostalgie indicible qui s'en dégage. Les contours des paysages sont flous, imprécis, presque vaporeux, conférant aux scènes représentées une mélancolie diffuse qui accroche le regard et le cœur. Watteau crée ainsi une certaine distance, comme s'il savait déjà que ce temps insouciant qu'il peint allait finir. Malade depuis sa tendre enfance, sans doute sait-il combien l'existence ne tient qu'à un fil…

SÉLECTION D'ŒUVRES

PÈLERINAGE À L'ÎLE DE CYTHÈRE

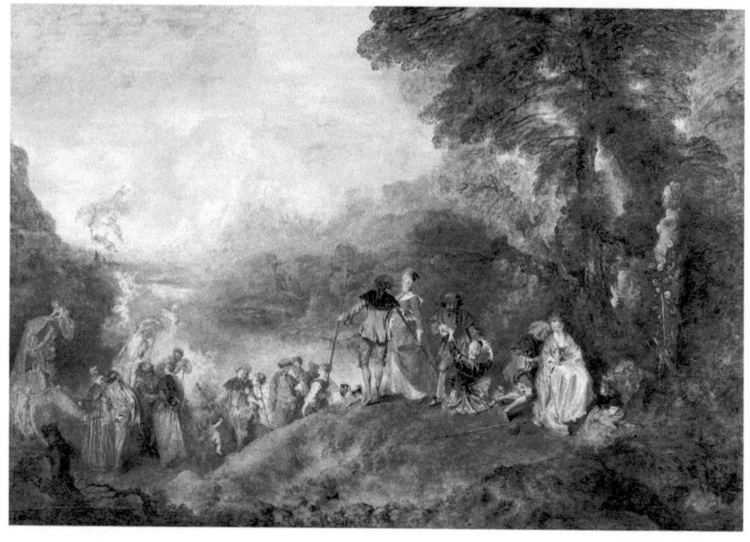

Pèlerinage à l'île de Cythère, 1717, huile sur toile, 129 x 194 cm, Paris, musée du Louvre.

Située entre la Crête et le Péloponnèse, Cythère est une île grecque de la mer Égée au large de laquelle, selon la mythologie, serait née Aphrodite (ou Vénus). Selon Hérodote (vers 484-420 av. J.-C.), un temple dédié à la déesse de la beauté et de l'amour aurait été retrouvé sur l'île. Watteau ne choisit donc pas ce décor tout à fait par hasard... Contrairement à ce qui a été communément admis pendant des siècles, ce n'est pas l'embarquement pour Cythère qui semble être représenté, mais bien le pèlerinage proprement dit. Le fait que le paysage soit celui de Cythère est induit par la statue de Vénus qui domine la toile. D'ailleurs, le titre originel proposé par

Watteau était bien *Pèlerinage à l'isle de Cythère*, mais l'Académie le barra et inscrivit dans son registre la mention *Une Feste galante*. Puis, de la fin du XVIIIe siècle jusqu'en 1961, le titre donné à l'œuvre fut *Embarquement pour l'île de Cythère*. Depuis, le tableau a repris son nom d'origine.

Débarquant sur l'île de l'amour survolée par des *putti* en émoi, les jeunes gens représentés, appartenant à la haute société, font un pèlerinage le long du sentier des sentiments amoureux. Située à l'extrême droite, Vénus embrasse tout l'espace jusqu'aux *putti* situés dans la partie gauche du tableau. La scène entière est donc placée sous le patronage de l'amour : Vénus couve de son regard les différents couples qui s'ébattent. Plus que de simples fiancés, ceux-ci semblent chacun incarner une étape du sentiment amoureux. Ainsi, le premier couple à droite évoque la rencontre et les prémices de l'amour. Timide, la femme baisse les yeux tandis que le soupirant poursuit sa cour. L'amour aux pieds de la jeune femme l'encourage discrètement à sortir de son trouble. Le second couple rime quant à lui avec le « oui » : le jeune homme aide la femme à se relever, ce qui montre l'acceptation de cette dernière à le suivre. Enfin, le troisième couple incarne la stabilité, le chien qui trotte à leur pied étant le symbole de la fidélité. L'homme tient sa compagne par la taille, preuve de leur intimité établie, et celle-ci jette un dernier regard à l'île avant de rejoindre la rive, comme une dernière œillade au début de leur histoire. Les protagonistes suivants, des plus visibles jusqu'aux ombres flottantes, forment une farandole de l'amour, en écho à la guirlande de roses qui enlace la sculpture de la déesse.

Les teintes pastel, l'ornementation du décor et des vêtements, le mouvement des robes et de la foule, la luxuriance de la nature, le thème de l'amour ou encore la légèreté et la volupté qui émanent de la toile font du *Pèlerinage à l'île de Cythère* le manifeste du style rococo de la fête galante. Contrairement à l'art classique, ici, tout est vaporeux, en particulier les couples qui se trouvent sur la grève : pourvus de contours flous et semblables à des taches de lumière, ils se confondent avec les éléments naturels et s'évanouissent dans le paysage. Cette évanescence constitue l'essence même du sentiment amoureux, fluctuant et instable. Les personnages, dont l'identité ne peut être établie, sont éthérés, délicats, légers, dépersonnalisés, dans le but de nous offrir une allégorie de l'amour et non la représentation d'un moment en particulier. Le lit nacelle en guise d'embarcation est peu réaliste et corrobore l'interprétation allégorique du tableau. En somme, cette île semble être entre deux mondes, à mi-chemin entre rêve et réalité.

Pour autant, si Watteau nous propose une escapade amoureuse, le *sfumato* qu'il utilise nimbe cette délicieuse promenade d'un voile mélancolique. La femme qui se retourne, que l'on entend presque soupirer, sait déjà son amour condamné à l'oubli, et les teintes crépusculaires abondent en ce sens. Ainsi, Watteau nous peint l'amour qui s'éloigne et s'évanouit dans le paysage.

PIERROT

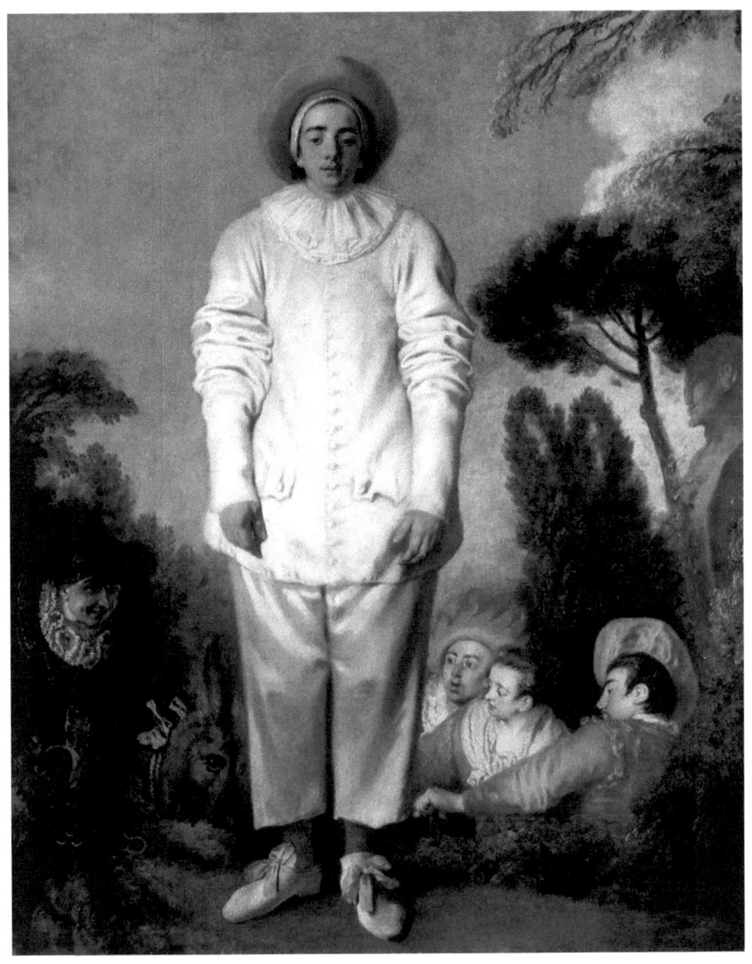

Pierrot, dit autrefois *Gilles*, 1718-1719, huile sur toile, 185 x 150 cm, Paris, musée du Louvre.

Ce tableau est sans doute l'un des plus mystérieux de l'histoire de l'art. Réalisé entre 1718 et 1719, il disparaît pour ne réapparaître qu'environ un siècle plus tard grâce à Vivant Denon (1747-1825), le fondateur du musée du Louvre sous l'ère napoléonienne, qui achète la peinture en 1804. Le collectionneur Louis La Caze (1798-1869) se porte à son tour acquéreur avant de la léguer au Louvre en 1869.

C'est avant tout la taille de Pierrot, grandeur nature, qui surprend le spectateur. En effet, jusque-là, Watteau avait plutôt l'habitude de représenter des personnages de petite taille, et ce parce qu'ils étaient plongés dans un écrin de verdure au sein de véritables mises en scène. Même si on ignore l'origine de la peinture, cette particularité donne un indice sur l'usage véritable de cette toile : il s'agit probablement l'illustration de l'enseigne d'un cabaret tenu dès 1718 par l'ancien acteur limonadier Antoine Belloni, l'un des plus célèbres Pierrot de l'époque.

Alors que, d'ordinaire, le peintre nous invite à pénétrer dans ses tableaux, ici, le personnage représenté nous interroge et nous tient à distance. Son apparente simplicité contraste avec l'atmosphère ambivalente qui se dégage de l'œuvre. Le regard un peu perdu, les bras ballants, comme incapable de se mouvoir ou d'envisager une action, Pierrot brille par sa présence/absence, un peu comme s'il avait été ajouté, superposé sur le fond de la toile. D'autant plus que sa position légèrement en contre-plongée accentue l'impression de vide et d'immobilisme. Son costume n'est pas ajusté – les manches sont trop grandes alors que le pantalon est trop court – et reflète sa disproportion anatomique : ses jambes sont trop petites par rapport à son buste, immense, tout comme la tête, réduite, qui semble prête à s'envoler. Elle se détache en effet sur le ciel, comparable à une fenêtre s'ouvrant sur le vide, tandis que les autres personnages sont entourés et protégés par mère nature. Ceux de droite regardent l'âne et son maître, qui à leur tour nous lancent une œillade. La boucle des regards est ainsi close et Pierrot, qui apparaît pourtant comme le personnage principal de la scène, en est exclu. Derrière lui, d'aucuns reconnaissent plusieurs personnages de *la commedia dell'arte* : le docteur avec son âne, qui incarne le savant hautain, le couple d'amoureux, normalement illustré par Léandre et Isabelle, et le capitaine, qui nous tourne le dos. Ces derniers, ancrés dans la scène, sont animés et semblent rire d'une farce, tandis que l'œil de l'âne, qui semble également perdu, renvoie au regard de Pierrot.

Le travail de l'étoffe est remarquable et la dextérité avec laquelle le peintre travaille les différentes nuances de blanc doit être soulignée. La lumière se noie dans le costume de Pierrot, détachant un peu plus encore le personnage du reste du tableau. Les tissus du groupe de comédiens, bien que moins visibles, sont tout autant travaillés. La sculpture debout sur la droite, qui regarde la scène d'un air sévère avec sa bouche retroussée, achève de donner un aspect irréaliste à l'œuvre. Comme si tout était posé, çà et là, pour parachever le décorum.

Sauf que Pierrot ne fait plus semblant : il nous regarde l'air vide, telle une marionnette sans vie, comme s'il tournait le dos un temps à la *commedia dell'arte* à laquelle il appartient – son costume et ses nœuds roses, qui font écho au vêtement du capitaine, nous le rappellent d'ailleurs. Ou alors le personnage évoque-t-il Belloni raccrochant son costume de pantomime au vestiaire pour se consacrer à son activité de limonadier ? On ne sait qui il représente. Certains ont avancé l'idée que Pierrot – clown mélancolique et lunaire, cet « amuseur triste » comme l'artiste aimait le décrire – était un double de Watteau qui, malade, va bientôt rejoindre la lune... Finalement, le vide, qui donne un aspect dramatique à l'œuvre, en est peut-être le véritable personnage.

L'ENSEIGNE

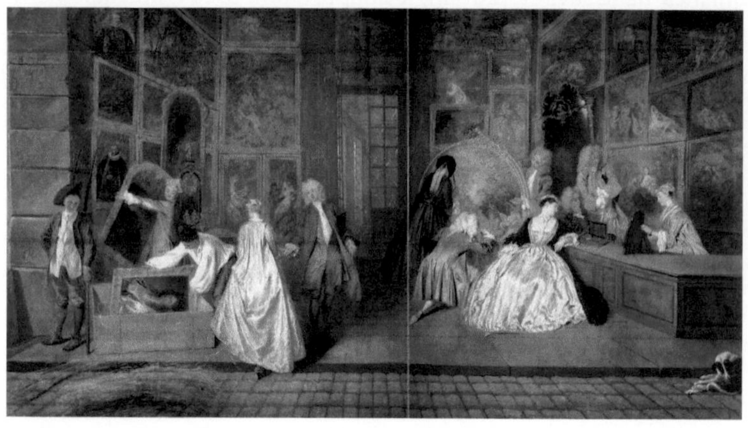

L'Enseigne, dit *L'Enseigne de Gersaint*, 1720, huile sur toile, 166 x 306 cm, Berlin, château de Charlottenbourg.

Ce tableau, peint en quelques matinées en 1720, est l'une des dernières productions de Watteau, réalisée à l'initiative de l'artiste lui-même : il propose ses services à Edme-François Gersaint « pour se dégourdir les doigts » et pour le remercier de son soutien. Cette enseigne, comme le titre l'indique, est un panneau destiné à signaler la boutique de Gersaint aux passants sur le pont Notre-Dame, où la concurrence des marchands d'art est rude. Exhibée pendant quinze jours, l'œuvre connaît un succès immédiat. Elle est aujourd'hui considérée comme le testament artistique du peintre.

C'est l'un des rares tableaux de Watteau à représenter une scène intérieure. Il fait ainsi écho aux maîtres flamands, qui dépeignent souvent la vie quotidienne. Mais cette œuvre présente en outre un aspect théâtral caractéristique de son art : l'artiste propose une véritable mise en scène dans laquelle le spectateur est convié. La femme qui entre dans la boutique nous tourne le dos et le personnage central, en qui on peut reconnaître Watteau, lui tend la main, ainsi qu'au spectateur, comme pour l'inviter à entrer. On retrouve chez cette femme toute la griffe de l'artiste, tant dans le travail du tissu et la virtuosité des tons qu'à travers la nuque dégagée, expression de la féminité et de la sensualité par excellence.

La scène est tout en mouvement. Le dynamisme est évoqué à la fois par la position et l'attitude des personnages et par le bruissement des robes qui se meuvent. Les protagonistes sont tout à leurs affaires et n'ont aucun égard pour autrui. À droite, certains admirent une œuvre d'art, sans doute présentée par Gersaint. La femme de dos, vêtue de noir, semble plutôt observer le paysage quand son époux, à genoux, recherche frénétiquement le nu… On ignore en revanche si le couple assis, accoudé au comptoir, regarde le miroir ou s'ils s'admirent eux-mêmes… Sans doute un peu des deux. Là encore, Watteau, avec humour et ambivalence, nous rappelle que l'époque est à l'autosatisfaction et au plaisir personnel. Enfin, le monde présent dans la boutique témoigne du succès commercial et du sérieux de l'établissement. Aux murs sont suspendus les chefs-d'œuvre des maîtres vénitiens et flamands chers à Watteau.

Une scène attire plus particulièrement notre regard : deux hommes sont en train de décrocher les œuvres. Le portrait de Louis XIV (réalisé par Hyacinthe Rigaud, 1659-1743) est ainsi enlevé des cimaises et remisé dans la caisse prévue à cet effet. Si la boutique se prénomme *Le Grand Monarque*, ce qui explique la présence du portrait du roi, à la composition classique, le fait de le ranger n'est pas anodin et annonce la fin d'une époque. Cette toile réalisée par Watteau à la fin de sa vie prédit définitivement l'agonie de la peinture classique et l'aube d'un nouveau règne, celui du rococo.

Un hommage à Rubens

Au premier plan, le chien peut être interprété comme le symbole de la fidélité de Watteau vis-à-vis de celui qui recueillit son dernier soupir. Mais la position de l'animal est atypique : il se cherche les puces. C'est en réalité la réplique exacte de l'un des deux chiens du *Couronnement de Marie de Médicis* (1622-1625) de Rubens, qui a ravi l'artiste dans ses jeunes années. Il est ainsi très probable que ce chien soit un hommage appuyé à celui que Watteau considère comme la référence absolue.

ANTOINE WATTEAU, UNE SOURCE D'INSPIRATION

Si Antoine Watteau ne survit à Louis XIV que six années, son style, précurseur, illustre à la perfection celui de la Régence et du règne de Louis XV, qui privilégient les plaisirs personnels, la grâce discrète et la légèreté à la majesté et à la grandeur du Grand Siècle. Dans sa descendance artistique immédiate, on trouve François Lemoyne (1688-1737), son élève Jean-Baptiste Joseph Pater (1695-1736), mais également François Boucher et Jean-Honoré Fragonard. Ces deux derniers, aux côtés de Watteau, font partie des principaux représentants du mouvement rococo, qui connaît un succès retentissant au XVIIIe siècle. Le passage de Watteau en Angleterre fait également des émules, et l'on peut reconnaître chez Thomas Gainsborough (1727-1788) le travail de l'étoffe propre au maître.

Mais l'art de ce dernier ne saurait se restreindre au siècle des Lumières et porte en son sein une modernité qui trouve également un écho chez les artistes des siècles suivants. Ainsi, Édouard Manet (1832-1883) n'aurait sans doute jamais réalisé son *Buveur d'absinthe* (1859) ou son *Fifre* (1866) sans *Pierrot* ou *L'Indifférent*.

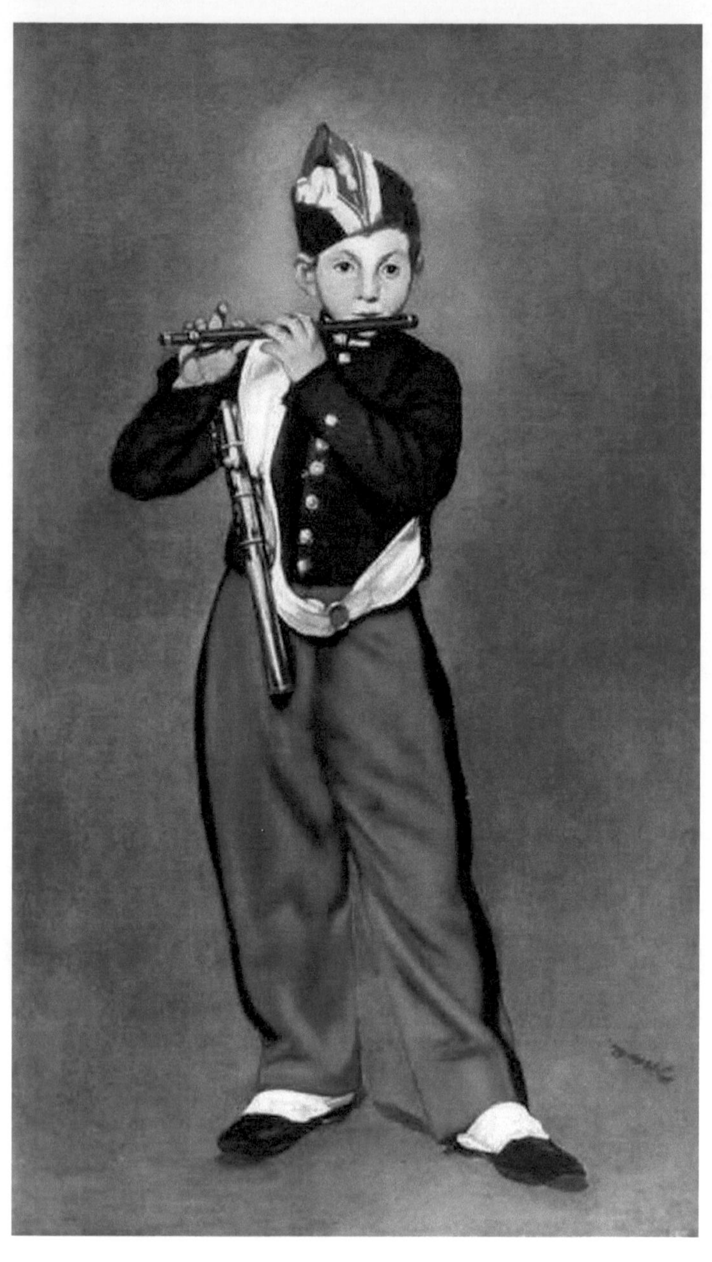

MANET (Édouard), *Le Fifre*, 1866, huile sur toile, 161 x 97 cm, Paris, musée d'Orsay.

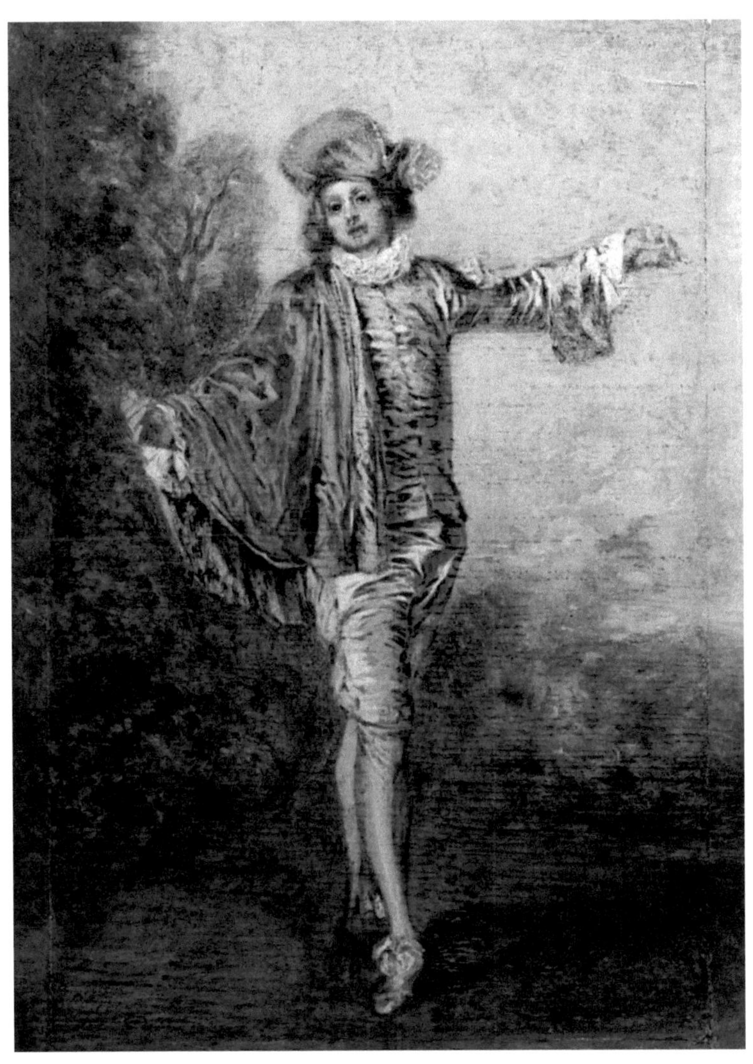

WATTEAU (Jean-Antoine), *L'Indifférent*, 1717, 25 x 19 cm, huile sur toile, Paris, musée du Louvre.

En effet, cette façon de faire flotter le personnage en vidant le fond de son contenu pour ne garder que le protagoniste trouve notamment son inspiration dans l'œuvre de Watteau. De même, chez ce dernier, le paysage revêt une importance particulière qui inspirera, au XIXe siècle, Gustave Courbet (1819-1877) et les peintres de Barbizon. Enfin, la vibration de la touche et les contours flous, voire évanescents, trouvent une résonnance particulière chez les impressionnistes et chez William Turner (1775-1851). Privilégiant l'atmosphère, l'impression, la sensibilité, la mélancolie et l'instantané, Watteau trouve en ces artistes de la fin du XIXe siècle une descendance directe.

EN RÉSUMÉ

- Antoine Watteau, né en 1684, est l'initiateur du mouvement rococo, qui détrône l'art classique du Grand Siècle, empreint d'ordre et de rigueur.

- L'artiste privilégie les teintes pastel et les lignes courbes et sinueuses, produisant un art synonyme de douceur et de légèreté, en accord avec l'atmosphère insouciante de la Régence.

- Ses œuvres se caractérisent également par des formes plus complexes, une ornementation foisonnante et la représentation d'une nature luxuriante et libérée.

- Ses thématiques de prédilection sont les joies enfantines, l'amour, la fantaisie ou encore l'oisiveté. Il se fait fort de représenter une société de plaisirs et de superficialité qui donne toute son importance à l'apparat. Mais par-delà ces aspects, dans ses œuvres, tout est affaire de sentiments, et les peintures de Watteau révèlent les émotions avec ambivalence et délicatesse.

- En 1517, son *Pèlerinage à l'île de Cythère* connaît un vif succès, mais l'œuvre ne rentre dans aucune catégorie prédéfinie par l'Académie. Celle-ci crée alors un nouveau genre spécialement pour Watteau : la fête galante, qui met en scène comédiens et gentilshommes dans un cadre champêtre, occupés à s'adonner à la valse des plaisirs et des sentiments. Entre réalité et idéalisation, les scènes de Watteau sont une véritable invitation à la rêverie.

- À la suite du maître, Boucher et Fragonard contribuent à l'éclat du style rococo et le portent à son apogée. Mais il ne s'agit pas là des seuls descendants de l'artiste qui a aussi, en raison de l'importance qu'il accorde au paysage, influencé Courbet et les peintres de Barbizon. Enfin, la vibration de sa touche, ses contours flous, ainsi que la mélancolie et la sensibilité qui se dégagent de ses toiles ont également inspiré les impressionnistes.

POUR ALLER PLUS LOIN

SOURCES BIBLIOGRAPHIQUES

- Abirached (Robert), « *Commedia dell'arte* », in *Encyclopaedia Universalis*, consulté le 12/11/14.
  http://www.universalis.fr/encyclopedie/commedia-dell-arte
- Adhemar (Hélène), *Watteau. Sa vie, son œuvre*, Paris, Éditions Pierre Tisné, 1950.
- Anonyme, *Mémoires pour servir à l'histoire des spectacles de la foire*, tome 1, Paris, Chez Briasson, 1743, p. 33-38.
- Bacou (Roseline), *Dessins français de Watteau à Lemoyne. LXXXIXe exposition du Cabinet des dessins*, catalogue d'exposition, Paris, RMN, 1987.
- Beaurepaire (Pierre-Yves), *La France des Lumières. 1715-1789*, Paris, Belin, 2011.
- Börsch-Sugan (Helmut), *Antoine Watteau*, Postdam, Ulmann, 2007.
- Collectif, *Peintures galantes et libertines : Watteau, Boucher, Fragonard...*, Paris, Artlys, 2014.
- Ferré (Jean), *Watteau*, Paris, Éditions Athena, 1972.
- Foucart (Jacques) et Lacambre (Jean), *Le Siècle de Rubens dans les collections publiques françaises*, catalogue d'exposition, Paris, RMN, 1977.
- Glorieux (Guillaume), *À l'enseigne de Gersaint. Edme-François Gersaint, marchand d'art sur le pont Notre-Dame (1694-1750)*, Seyssel, Champ Vallon, 2002.
- Glorieux (Guillaume), *Watteau*, Paris, Citadelles et Mazenod, 2011.
- Grasselli (Margaret Morgan), Rosenberg (Pierre) et Parmentier (Nicole), *Watteau. 1684-1721*, catalogue d'exposition (Washington-Paris-Berlin), Paris, RMN, 1984.

- Hattori (Cordelia), « De Charles de La Fosse à Antoine Watteau : les Saisons Crozat », in *La Revue du Louvre et des musées de France*, n° 51-52, Paris, RMN, 2001.
- Hourtiq (Louis), *De Poussin à Watteau ou des origines de l'école parisienne de peinture*, Paris, Hachette, 1921.
- Inizan (Christelle), « Découverte à Paris d'un plafond peint à décor de singeries attribué à Claude III Audran, Antoine Watteau et Nicolas Lancret », in *Revue des patrimoines*, consulté le 13/10/2014.
  http://insitu.revues.org/805
- Jollet (Étienne), *Watteau : les fêtes galantes*, Paris, Herscher, 1994.
- Lafenestre (G.), « Watteau », in *Imago Mundi*, consulté le 21/10/2014.
  http://www.cosmovisions.com/Watteau.htm
- Levey (Michael), « A Watteau rediscovered », in *Burlington Magazine*, n° 731, CVI, 1964.
- Moureau (François), *Le Goût italien dans la France rocaille. Théâtre, musique, peinture (vers 1680-1750)*, Paris, PUPS, 2011.
- Moureau (François) et Grasselli (Margaret Morgan), *Antoine Watteau (1684-1721). Le peintre, son temps et sa légende*, Paris-Genève, Champion-Slatkine, 1987.
- Pomarède (Vincent), « Pèlerinage à l'île de Cythère », in *Louvre*, consulté le 20/10/201.
  http://www.louvre.fr/oeuvre-notices/pelerinage-l-ile-de-cythere
- Pomarède (Vincent), « Pierrot, dit autrefois Gilles », in *Louvre*, consulté le 14/11/14.
  http://www.louvre.fr/oeuvre-notices/pierrot-dit-autrefois-gilles
- Rosenberg (Pierre), *Watteau. 1684-1721*, Paris, RMN, 1984.
- Temperini (Renaud), *Watteau*, Paris, Gallimard, 2002.
- Vogtherr (Christoph Martin) et Tavener Holmes (Mary), *De Watteau à Fragonard : les fêtes galantes*, catalogue d'exposition, Bruxelles, Fonds Mercator, 2014.

SOURCES ICONOGRAPHIQUES

- MANET (Édouard), *Le Fifre*, 1866, huile sur toile, 161 x 97 cm, Paris, musée d'Orsay. La photo reproduite est réputée libre de droits.
- WATTEAU (Jean-Antoine), *L'Enseigne*, dit *L'Enseigne de Gersaint*, 1720, huile sur toile, 166 x 306 cm, Berlin, château de Charlottenbourg. La photo reproduite est réputée libre de droits.
- WATTEAU (Jean-Antoine), *L'Indifférent* (1717), 25 x 19 cm, huile sur toile, Paris, musée du Louvre. La photo reproduite est réputée libre de droits.
- WATTEAU (Jean-Antoine), *Pèlerinage à l'île de Cythère*, 1717, huile sur toile, 129 x 194 cm, Paris, musée du Louvre. La photo reproduite est réputée libre de droits.
- WATTEAU (Jean-Antoine), *Pierrot*, dit autrefois *Gilles*, 1718-1719, huile sur toile, 185 x 150 cm, Paris, musée du Louvre. La photo reproduite est réputée libre de droits.
- WATTEAU (Jean-Antoine), *Trois Études d'une dame au chapeau*, vers 1715, sanguine et craie blanche sur papier, 21 x 31,3 cm, Bruxelles, musées royaux des Beaux-Arts. La photo reproduite est réputée libre de droits.

SOURCE COMPLÉMENTAIRE

- *Ce que mes yeux ont vu : le mystère Watteau*, film de Laurent de Bartillat, avec Sylvie Testud et Jean-Pierre Marielle, France, 2007.

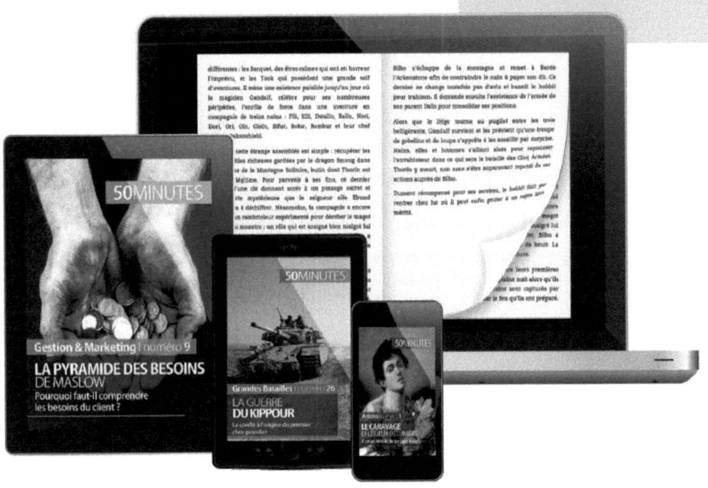

50MINUTES

www.50minutes.com

Éditeur responsable : Lemaitre Publishing
Rue Lemaitre 4 | BE-5000 Namur
info@lemaitre-editions.com

ISBN ebook : 978-2-8062-6163-2
ISBN papier : 978-2-8062-6164-9
Dépôt légal : D/2015/12603/13
Photo de couverture : © *Pèlerinage à l'île de Cythère* (1717), par Antoine Watteau (détail).

Conception numérique : Primento, le partenaire numérique des éditeurs